간신히 석양 무렵

김수지 시집

문학의전당 시인선
0273

간신히 석양 무렵

김수지 시집

문학의전당

시인의 말

한동안
꿈속에서 절박함은 유지된 채
몸 따로 마음 따로,
한결같이 일치하지 않았고
언밸런스를 야기했다.
오랜만에
곤고한 내 잠의 꿈결을 더듬으며
이렇게라도 웃어본다.

2017년 가을
김수지

차례

제2부

제3부

제4부

제1부

몸그릇

어머니
초벌구이 하러 들어가신다

한때 그랬던 것처럼
둥근 몸피 닮은 백자 항아리 빚으시려나,
칼칼하고 엽렵한 마음 씀씀이 닮아 목이 긴 쪽빛
청자 항아리 빚으시려나,
그것도 아니면, 그것도 아니면
남겨두고 가기 뭣해 아부지 술 담아 드시라고
치자빛 호리병 빚으시려나,

몸그릇 밀어 넣은 지 시간 반이 지나자
뽀얗게 벼린 구멍 숭숭 난 뼈 몇 줌과
어금니만 한 남청색 사리 두어 과를 내놓으시곤
시치미 뚝 떼시는

아, 어머니

스무 살

연어는 저 어디쯤에서 자꾸 역동성을 잃는다
뿌연 혹은 검은 안개 속을 유영하다가
양수를 홀짝홀짝 마셔버린 태아처럼
그것은 밥이고, 잠이고, 오늘이고, 내일이던,
수시로 불안한 호흡을 호소하며
물 없는 대낮 바닥에
철퍼덕 드러눕는다
색깔을 잃고 맛을 잃은 대신
이외수의 꿈꾸는 식물, 들개,
루이제 린저의 생의 한가운데,
니체의 차라투스트라는 이렇게 말했다, 를 호흡하며
내전을 치러 보지만
번번이 전리품 하나 얻지 못하고,
꿈속에선
지루한 밤을 뚫고
아예 일상의 하늘에 걸리기도 해서
푸르디푸른, 붉디붉은 빛깔들이 물감처럼
번져오기도 했지

그 맹랑함이여,

눈부신 날개가 필요하지만

옆구리에선 온통 안개만 피어올라

그것들을 마시고 젖던 날

곧 녹아내릴 날개를 옆구리에 달고도

마냥 달뜬 이카로스처럼

스물의 아직 푸른 연어의 옆구리를

나이테, 실종

인감증명서 한 통 떼 주세요!

손톱만 한 창 위에 엄지를 살포 올려놓는다
좀 더 아래로, 아니 좀 더 위로 올려보세요
일순, 범상치 않은 인상
그의 눈꼬리가
10시 10분을 정확히 넘어서고 있었다
내 동공 속 깊숙한 곳까지 0.1초의 오차도 없이 관통한다
(당신 신분증 위조한 거 아니야?)
자, 지금의 현 주소 말고 전, 전 주소요?
결혼 전 본적과 남편의 본적은요?
아들의 생년월일은요?
눈초리를 거두지 않은 채 쏟아지는
탄력 있는 질문들
퍼즐 조각을 주워 맞추듯 떠듬대는 나의 대답에
그는 쾅, 도장을 찍듯
본인 맞아요?

내 안에 지우개가 있는 모양이다
값싼 연필 자국도 말끔히 지우던 찰고무처럼
언젠가 지워질 몸을 슬슬 지우기 시작한 걸까,
지지난해에도, 지난해에도,
올해 역시 사라져버린 엄지 안쪽의 나이테
쉰 살 정도의 역사를 깡그리 무시하고 싶은,
9시 15분쯤 내려온 그의 눈꼬리와 눈빛이 말한다
(치유하고 다시 오세요!)

간신히 석양 무렵

누가 불을 놓은 거야?

붉은 꽃 심장 타오르네

어쩌지
콸콸 토해내는 저 핏빛
담수를

붉고 붉은 새떼들
미지의 세계를 향해
다겁(多劫)의 마차를 타고 지나가네

병처럼
깊어진 황홀

하릴 없이
눈물 같은 강가를 배회하다가
그 강가 끄트머리 어디쯤에서

매번 뛰어내리다가

미수(未遂)에 그치고 마는

물병 하나 들고

대이작도* 큰풀안 모랫길을 걷는 동안
하늘은 바다에 몸을 푼다
해초처럼 일렁이는 구름 몇 덩이 건져내고
반듯하게 누워 몸의 입을 연다
바다와 하늘이 동량으로 흘러들고
잠시 후
오징어순대처럼 통통해져서
걸어 나오는 물병 하나

어느 한날
물병을 거꾸로 기울인다
바다가 통째로 콸콸 엎질러지고
하늘을 날던 뽀얀 갈매기들
빈속
대나무처럼 텅
비워진다

---

*대이작도: 인천 옹진군에 있는 섬.

어떤 가뭄

어떤 기하학이 곧 증명될 것 같은,
가로 세로, 그 위에 또 세로 가로
혈관들이 툭툭 불거진 밤낮

요 며칠
매실나무 주변 공기가 물속 같더니
산모의 상심 가늠이 되지 않는다
세상이 잠든 밤
하혈하듯 주르륵 남김없이 조산을 하고 만,
조로증(早老症)에 걸린 새끼들은
더 이상 투항할 기력을 잃고
시고 떫고 일그러진 채 전부 널브러진다
바람도 없는 산실에
어미만 후덜덜

바닥까지 가난한 가뭄의 풀밭에
툭툭 쏟아버린
기숙이 엄마처럼

넝쿨장미

심쿵!

심장을 뚫고 울 밖으로 뛰쳐나온
핏방울들

온 생애 통틀어
단 한 번
매일 심장은 터져
울 밖으로 쏟아졌지

아직 푸르기만 한 그때,

가슴이 아파서 죽을 거 같아
미소약국으로 달려간다
우황청심원 한 병 따서
한 호흡에 마시던,

신새벽인데 기침 소리 들린다

붉은 피를 뚝뚝 흘리며
흰 목책을 넘고 있는
사랑 하나

지난 밤
또 누군가의 가슴이 미어터져서
방울방울 맺힌 말들
주르륵 흘러내리는 거다

바우덕이 줄 타다

스스로
꽃이 되어,
나비가 되어, 훨훨
불현듯
벼랑 끝 생의
단말마
줄을 놓고 만,
놓고야 말았던
아직
붉은 꽃 스물세 송이
주검조차 붉은데

오랜
누강(累江)을 건너온
희디흰 나비 한 마리
자는 바람 일으켜 파르르
날개를 편다
환생을 위해 너울춤을 춘다

휘엉청
달빛을 두른 몸이
자진모리, 휘모리장단 치며
아슬아슬

외줄,
잠깐 흔들리고
슬렁슬렁 날개를 접는
그녀

---

*바우덕이: 조선 말 안성남사당패 꼭두쇠로 살다 간 여인(23세 사망). 기예와 미모가 출중했다고 함.

손가락을 베이다

도마 위에서
왼손 오므려서 야무지게 푸성귀를 그러모아 쥐고는
오른손에 들린 칼날에 착착 여물처럼 먹인다
3센티미터 간격의 리듬을 유지하며 썬다
썸벅,
엄지손톱 밑 살점이 뚝 떨어졌다
예리한 통증에 놀란 세포들
불에 데인 듯 번쩍 눈을 뜬다
구구한 문답은 개나 가져다주라고 꽥 소리친다
살아있었노라
깨어 있었노라, 고
도마 위에 널브러진 풋것들에서도
아얏! 단말마
맑은 피 줄줄 흐른다

수숫대

무슨 죄목으로 참수(斬首)를?

바람 불 때마다 허청대는 몸
뎅강 잘려나간 목 언저리에
꽃빛으로 피어난 응혈
핏빛 감사제를 올린다
그 온혈로
밤새 데운 따뜻한 공기
찬 허공을 녹이고
겨울을 사르는
화엄이여!

겨울 수수밭머리 춥지 않아
서걱서걱 길을 내며 따라오는 소리
리스트의, 르 말 뒤 페이~
진한 노을 손잡고
흘러넘친다

소리비

농부의 눈가엔
벌써부터 핏발선 굵은 비 후드득거리고
무논 가득히,
밤새 소리비 내려주던
그 많은 개구리들 다 어디로 갔을까?
가뭄이 벌창을 한 들녘엔
흙먼지 둥둥

하릴없이
심연의 못 근처 어슬렁대다가
목 쉰 피리 소리 듣는다
수위(水位)가 형편없는,
꿈속에서 몽골 고비를 보았다
메마른 시간들이 바람의 방향을 따라
끝도 없이 몰려간다
뽑혀 나간 시간의 뿌리를 잡고 안간힘을 쓴다
귀신을 보듯 신기루를 본다
배배 말라가는 것들 중에

분명 연하게 올라오는 푸른 싹을 봤다

가뭄이 바닥을 치는 곳에서

감기몸살

오랜 시간
지하 동굴 바닥을 흐르던 바람
아물린 블랙홀 뚜껑을 열고 쉿쉿 소리를 내며 흘러나온다
원시의 냄새 밴 춥고 습한

살면서 깻잎처럼 재워둔 독(毒)
견고한 유빙으로 떠돌다가
더는 독 오른 채 살 수 없다고
해빙을 선포한 것인데

한꺼번에 터진 봇물에
온몸 부르르 떨리고
마음 부르터서 살 터지는 소리

혹 다른 영(靈) 깃들어
제 몸인 양 부리다가
부리나케 빠져나간 듯
누운 채로 쑥대밭이다

해독(解讀) 안 된 나의 언어들
그 긴 누적된 밤들이
지금 용을 쓰는 건지도

구름의 자손들

낮은 곳을 흐르거나 고여 있는
세상의 물들은
햇살 좋은 날이면
허공의 자궁 안으로
눈에 보이지도 않는 물의 알을 밀어 올린다
어찌나 착상(着床)이 잘 되는지 백발백중이다
둥실하게 몸집이 커진 모체
주체할 수 없게 우량모가 된 어느 날
가까스로 태양을 가려 재우고
어둑하게 빛의 조도를 낮춘 산실에서
어미의 자궁은 열리고
그동안의 무게는 존재가 되어 쏟아진다
좍, 좍, 좌악…….

아가들의 탄성,
순산이다!

오늘밤

시(詩)의 씨[種]를 착상(着想)시켜 보자고
둔부에 힘 꽉 준다

오래된 길

술빵처럼 부풀어 오른 가슴과 뱃구레를 지나
말갛게 진물 고인다
밤새 꼭꼭 싸매둔 불은 젖통에선
젖이 줄줄 샌다

바다 뻘밭엔 길이 흐른다
물이 다 지워지면 촉촉하게 드러나는 길
열 손가락 짚어 꾹꾹 눌러 짜낸 육즙
부드러운 무저갱 위를 적신다

하나의 물길이 걸어 내려간다
곡지고 기다란
협곡 그 아래를 더듬는 오래된 길
바다에 잇닿은 탯줄,
지금 막
나의 깊고 은밀한 곳을 향해
피 한 방울 흘리지 않고
갯골 하나 이식한다

출렁출렁 유연한
바다의 신경들을

효재
—한복 짓는 여자

만두머리
그녀가 미소 지을 때마다
양 볼에 뽀얗게 물리는
감자꽃

그녀의
손끝, 발자국 따라가면
어느새
비 온 뒤 마당가에 고인 우물에
풀들이 세수를 하고
물방울을 터네

그녀가 궁궁하는 것은
늘 일을 찾아 눈빛 밝아지고
옷 짓는 본업보다
오가다 들르는 손(客)
그냥 보내는 법 없이 밥 지어 먹이는 일

그녀의 궁리가 환한 것은
여전히 베푸는 즐거움 알기 때문이네

그녀가 한 번씩 웃을 때마다
흰 감자꽃 아리아리 피어나네

팽이

너, 나의 개연성은
허들처럼 넘어버린 지 오래
아나키스트, 니힐리스트, 개혁, 온건, 반온건
엇박자, 결박자, 정박자가 비빔밥처럼 버무려져서 도는,
팽팽 도는
서로 갈마드는 다채색
심지나 몸통 모서리 보일 리 없다
결,
미세한 흔들림만이 적분의 적분을 하여
리드미컬한 향을 흩뿌린다
리비도적 흔들림으로 충만하다
결이 생긴다는 건
인디언의 조상처럼 투박한
아름다움을 얻는 것이다

제2부

코스모스

기억 속
안개 미립자 같은 시간을 밀어내며
코스모스 피어난다

창연히 맑은 하늘 아래
신작로 등굣길
환하게 펼쳐지던 오색 콜라주
가난의 핍(乏)과
도약으로 곤하게 한데 엉킨
카오스

가늘가늘
혼돈을 쓸어내리며
모처럼
가지런히 웃던,

불통의 간극

엄지 마디만 한 약쑥 덩어리 하나
차디찬 아랫배 위에 올려놓고 불을 지핀다

지금 배꼽 주변엔 불덩어리 대치 중

축적된 냉기는 아예 뱃가죽 아래 이글루 한 채
들인 모양인데

어떤 이기심의 배설물이 하수처리 되지 않고
사는 법을 배웠는지,

하루 이틀로는 어림없다
서두르면 낭패다
고갯길 오르는 고장 난 엔진 소리처럼
컥컥 뿜어대는 매캐한 연기

세상은 너무나 느와르적이라고,
불씨 없는 불(不) 같은 말만 난무하지만

지펴야 한다,
서로가 서로에게 들락거리며
아래, 위, 옆 동네
뜨거워지도록
불통의 간극,
그 경계 녹아내려야 한다

바람의 낙서

밖이 소란하다

어째 오뉴월 푸르름이
유창하게 읽힌다 했지

몇 날이고 먼 길을 달려온,
꿈속을 널뛰듯 그가 온 게 분명해.
아프로디테, 뜨거운 밤을 보내고
홀연 떠나갔을,

얘들아 정신 차려라, 매무새가 그게 뭐냐?

전부 몸을 사선으로 비틀고
팔다리 제멋대로 허청댄다
껑충한 메타세쿼이아, 거진 팔 년째 어린 잎을 달고 칭얼대는 은행나무, 처음 올 때부터 나이께나 드신 산수유나무, 마가목, 산딸나무, 소나무, 쥐똥나무, 조팝나무, 애기단풍, 벚나무, 강아지풀, 민들레, 개망초, 제비꽃, 쇠뜨기풀……

그들이 좋아 죽게 웃느라 쏘옥 빠진 배꼽
쏟아져버린 이빨

배릿한 원시의 몸 냄새 피어나고
배부른 허공의 볼따구니가
빵빵하게 부풀어 실룩댄다

일필휘지 초서(草書)가 다녀간 땅바닥에서
눈, 코, 입, 떨어져 나간 상형문자 몇
싱그러운 낙서의 잔해를 줍는다

그믐밤

붉은 별들이 꼬리를 물고
지상으로 뛰어내린다

단 한 개의 별도 남지 않은
카오스의 밤이여!

차마

겨우 스물여섯
어째서 에미 가슴에
급한 무덤 하나 만들었니?
왜 하필 마침표를 찍었니?

아무리 생각해봐도
이건 틀린 문장 같구나

부호를 잘못 찍은 게 맞다

먼저 핀 꽃들이 가없이
목례를 하는구나

꽃양산

날개였을 거야
밤마다 치켜든 까치발,
몸뚱이 삭제된
저 화사한 꽃모가지들
입이 귀에 걸려선
수사자의 목 테두리처럼 풀풀 살아난다

태양이 한껏 배부른 날
박제된 갈피를 빠져나와
둥둥 떠오르기 시작
구름처럼 말이지
때로
화려한 플레어스커트를 둘러 입고
나폴나폴 날아올랐어

오래전
가난한 엄마의 머리 위로
노골노골 늘어지던 불볕

돌돌 말아 걷어내고
꽃그늘 함빡 드리우면
거기
엄마가 웃고 계실,
엄마 얼굴에 피어난
열, 스물, 서른, 꽃송이

행방이 묘연

천적은 늘 근거리에서
호시탐탐 꿀꺽 침을 삼키는 법
그의 치명(致命)을 요구하며
오지게 뒤를 좇는 무엇?
그가 택한 것은
절지(節肢)!
어느 한 부분 놓아야 산다며
냅다 달아나는
절지동물,
풀싹처럼
파릇하게 햇것이 돋아날 순 없을까
깨진 기억을 쑴벅쑴벅 게워내며
왈칵 통증을 쏟겠지
꾸욱 눌러보다가 다신 나오지 못할
무저갱 속으로
빠져버린 것일까
터치를 일삼다가
스마트폰 액정 속으로

익사를 한 것인지
남편의 검지 한 마디
행방이 묘연

꽃무릇*

초봄부터 다녀간
푸르디푸른 너를
못 만난 죄?

나 지금
각혈하듯
붉은 심장 한 점씩
활활 꺼내놓지

손톱 발톱에 핏물 들도록
서럽게 울음을 긁어 피운
너의 나
나의 너

---

*꽃무릇: 상사화.

배추

뿌리를 자른 몸통에 칼집을 넣고
힘주어 쩌억 가른다

틈 없이 꽉 껴안은 몸 안에서
샛노란 웃음이 터지기 시작

자꾸만 파아하하, 파아하하

웃음꽃을 안에서 기르고 있었구나

푸른 겉대를 두른 웃음보따리
무르익은 웃음보따리
끌러서
알아서 하라는,

달팽이의 하루

요즘 들어 부쩍 상추 맛에 들린 여자가 그을음 낀 저녁을 끌고 와서 기웃거린다. 눈저울로 요 바구니 조 바구니를 계량하더니 친구와 내가 들어 있는 바구니를 냉큼 집어 든다. 비닐봉지 안에서 부스럭 소리를 들으며, 흔들리며 그녀를 따라간다. 여자가 들어간 집은 내 집과는 비교가 안 된다. 얼마 전 여자가 동유럽 슬로베니아에서 본 포이스토 종유석 동굴 같은, 거대한 굴 속이다. 리모컨을 꾹꾹 눌러 TV를 켜고, 나와 상추를 주방 싱크대에 던지듯 내려놓는다. TV에서 흘러나오는 소리와 개들의 끙끙거리는 소리와 여자가 쿵쿵거리며 안방과 화장실과 옷방을 오가는 소리는 나에겐 지진이다. 그때 여자가 다가온다. 식초를 쫄쫄 따르고 물을 가득 채운 투명한 볼에 봉지를 거꾸로 들더니 탁탁 털어 쏟는다. 지진보다 더한 통증이다. 허겁지겁 기어 나와 볼 테두리에 붙어 바르르 떤다. 이크! 나보다 더 놀란 여자가 나와 친구를 툭 떼더니 수돗물을 콸콸 틀어 다소 터프하게 헹구어 잽싸게 베란다 쪽으로 뛴다. 상추 잎처럼 푸르고 야들야들한 화초 이파리 위에 툭 떨군다.

갓이 두꺼운 여자의 집에서 시작된 칩거가
내 삶의 송두리
여자의 집을 푹 눌러쓴다

마운트 쿡*

눈부신 설관을 쓴 온건함이
휑한 가슴 한가운데 쿵,
대들보로 들어선다
푸른 동굴로부터 흘러내리는 시퍼런 물을
흠뻑 뒤집어쓰고
내 후미진 가슴에도 봉우리 돋아난다
숨이 멎어 죽을 그리움 하나가
뽀얗게 살아서 구름구름 걸어오고
먼먼 마오리들의 원시림을 달려온
다디단 바람을 마신다
그들의 성수(聖水)를 마신다
먼 시공간 촘촘히 달려와서
압축된 그대들을 풀어놓는다
무말랭이처럼 쪼글대는 시간 속에
그대와 내가 주름처럼 끼어 있었구나
무의식 속 웜홀이 환하다

---

*마운트 쿡(Mount cook): 뉴질랜드 남섬에 위치한 3,724m의 설산. 150여 년 전 원주민 마오리족이 살았었음.

몸이 기억한다

이른 아침
산책길에 툭 꺾어온 달맞이꽃

한밤중 오줌 누러 일어났을 때
창밖 빗대궁 꺾어지는 소리 요란한데
거실, 나무탁자 위에선
달빛, 이미 보름이다

석 잠 잔 누에처럼
몸속 말캉하게 익어 부푼 달
올올이 풀려나와 샛노란 실을 잣고 있다
따뜻하게 일렁이는 빛보라
어둠을 타 마시 달빛

한밤중
내 몸속 들먹거린다
나도
뭘 먹긴 먹은 걸까

바리스타

늦가을 숲속
술렁술렁

나무들
마른 풀내 나는 앞치마를 두르고
여름내 키운 커피콩을 널어 말린다

이따금
바람이 도리질치며 달려와선
낙엽 속으로 도작도작 손길을 넣는데
덜 마른 기억의 부스러기들
툭툭 털어낸다

가을,
섭씨 100도로 끓어오르면
숲은
날아드는 새들, 사람들
어제보다 조금 더 물러앉은 하늘에게도

갓 볶은 구수한 차 한 잔을 따른다

어제를 뽀득뽀득 헹궈 널어놓고
숲으로 달려간다
말끔한 찻잔에
오늘을 두어 주먹 집어넣어
차를 마신다

숲은
부지런히 다갈색 차를 끓이고 긴긴 겨울의 곳간에도
차(茶) 향을 넘치게 넣어두리라

담쟁이넝쿨

삼십 대의 그가 푸른 발톱을 세워
벽을 기어오릅니다

하지(夏至)의 한낮처럼 활활 타오르는 의욕
도무지 수평을 거부한 채
수직상승에 목을 맸고
젊음의 뒤축이 닳아
생활 속으로 질질 끌고 들어오는
언밸런스

삐죽이 웃자란 무성함을 들추면
붉은 피딱지 진 발자국이
지렁이처럼 기어가고
등뼈 마디마디 녹슬어 갈변했죠
수직은 한계가 있더라고요
부드럽게 유턴도 되지 않는
허공, 허공
거꾸로 미끄러지면서도

허세처럼 푸르름이 뚝 뚝 듣던,

벼랑을 내려온 그가
수평을 등에 지고
너울너울 걸어옵니다

잠자는 남편 얼굴 위로
그물 한 채 좌악 펴지는데
까치노을, 이라
제목을 씁니다

달의 경로

카오스의 자궁 안, 배란이 시작된다
아스라이 먼 깜깜 속에서
달의 씨앗은
모스부호로 메시지를 전달한다
한 올 빛 자라나 쑥쑥 팽창을 꿈꿀 때
둥근 배를 잔뜩 끌어안고
융처럼 부드럽고 포근한 시간 흘러
입덧도 끝나고
줄탁(啐啄)도 끝날 즈음
찰랑대는 포만감 하나
두둥실
우주는 밤마다
커다란 알을 낳는다

제3부

술래

엄마아……

그래,
에미 한번 찾아보렴,

빛의 속도로 우주 밖을 향해
달음질 친
핏빛 노을 한 점

어디 계세요?

메아리조차 끌고 가신,

어머니…….

한 번만
도돌이표 달고
둥글둥글 자전(自傳)해서 오세요

꽃은 지는데

거실 한쪽에 작은 꽃밭이 둥실 떠 있다
흙 속에 발을 묻었다고 해도 겨우 웅그리고 있어서
웃자라는 몸뚱이에 비해 전족(纏足)된 것들

군자란(蘭)은 오렌지빛 꽃송이 열일곱 개나 매달고
둥근 공을 만들어 허공에 띄우고
제라늄, 진다홍, 바이올렛, 천리향
아리아리 꽃빛을 우려내고 있다
유리 울타리 밖은 한겨울인데… ,

하루 이틀 사흘, 열흘이 지나도록
벌 한 마리 나비 한 마리는커녕
그 흔한 날것 하나 보이지 않는,
툭 떨어져 뒹구는 저 꽃들
모종 때부터
생기(生氣)는 아예 빼버리고
데려왔다는 얘기

색이 다 빠져버린 겨울철에
푸른 것 보겠다고
꽃빛을 보겠다고
不을
자연(自然) 앞에,
떡 하니 붙여놓은 꼴

빈집

철거를 시작하고 한참
순전히 내 쪽에서
친구처럼 바라보게 된 집이 있다
렌즈도 조리개도 상실한 큰 눈
수시로 드나드는 바람,
주먹만 한 함박눈이 열린 창을 드나들고
눈물 같은 비 두 다리 뻗고 들이쳐도
그 큰 눈 깜빡이지 않는다
기다림이 없다는 건
그리움조차 모른다는 것
휑한 동공 저 안엔
언제 저수된 추억 있기나 했었는지

어머니가 살던 집
유난히 동선이 크고 덜그럭거림 많았던,
늘 시끄러웠던 집 안
벌써 두어 해
안구건조증을 앓는지 물기라곤 없는,

휑한 게 싫어서
문짝을 세게 여닫아도
수돗물 콸콸 틀어 소란을 떨어도
어머니의 집 안
텅, 텅
동공이 열려 있다

병상

어머니의 입가에
투명한 솥뚜껑이 엎혀졌다
자꾸만 피식피식 숨소리 새는 것 같아
자식들 가슴 졸인다
평생 밥을 해 오신, 가족들의 입에 넣을 밥 짓느라
솥 곁을 떠나지 못했는데……
이번엔
긴 호수를 달고 당신의 밥을 짓고 있다
설 끓으면 평생의 밥이 설익거나 아예 못 먹을지도 모른다고
테두리를 꽉꽉 누른다
애들아 가만 있거라, 서두르지 마라
안으로 숨을 잦히고 계신다
눈 가장자리에 말간 진물 두어 줄 흐른다

아무것도 해드릴 게 없는 나는
당신의 눈가에 고인 쓰디쓴 회한
몇 방울 찍어서 글 몇 줄 쓰다가 말다가

어머니

섣달 열여드레 밤

먼 길을 한결같이 걸어와서

영롱하게 당도한

그대,

내 잠의 창가에

스타카토로 떨어지는 눈발을 지우며

흐린 마음에 내리는 눈물 같은

달빛,

싸륵싸륵 쏟아지는 비여

일그러진 초상
—수묵화

먹을 찍은 붓
눈 내린 아침 풍경을
조심스레 건드린다
간밤에 어지러이 날아다니던
반딧불이 수만 마리 내려앉아 눈부시고
고봉으로 덮인 눈 더욱 희게 반짝거리고
나무들, 지붕, 길섶을 덮은
푸른 고요
수밀도처럼 부드러운데
하늘 어디 거대한 회사가 차려졌다면
브랜드 이름은 '평화'
다시 붓을 들어
하늘빛을 읽으려는데
답답한 사람 속
칙칙함이 읽히고
지붕의 선 시각적 효과에 꽂혀
그만 15도쯤 꽁지를 치켜든다
아으, 균형 깨지는 소리

심기를 모아 나무를 읽는다
몸통을 겨우 읽고 나니
가지들이 제멋대로 삐치기 시작한다
어디서 배워먹은 버릇인지
갈지자걸음으로 종횡무진
늘어진 잔가지 몇쯤
바로 자른다
고장 난 프린터에서
잘리고 일그러져 빠져나오지 못하는 풍경들
인화되지 못한 것들이
안에서 부글거린다
대놓고 불편한 진실을
토로한다

목숨 꽃

어디서부터 시작한 매질인지
회초리다발 뭉텅뭉텅 부러진다
가슴을 쳐도
멍도 못 드는
벌집 같은 메마른 가슴 위로
눈물비 끝도 없이 내리꽂힌다
2014년 5월 15일 저녁,
인천항을 멀쩡히 떠난 여객선 한 척,
제주에 도착하기도 전 진도에서 왜?
그런 물장난을 쳐댔을까
연한 속살 차오르는 8월 밤송이 같은,
익어가는 밤송이 쿡 쥐어박으면
아야! 소리 경쾌하게 튀어오를 것 같은 그 아이들,
수백 명 나란히
꿈일랑, 저 아래 해저 뻘 바닥에나 심으러 가다니
세월호를 단단히 옭아맨 것은 무엇이었나
사람들이 쳐댄 거미줄,
점성이 강한 그것들,

마침내 오염된 그물 안에 세월호를 꽁꽁 가두고
물 밑으로 끌어내린, 그러느라
안간힘을 쓴 당신들,
굵은 빗줄기
무릎을 꿇고 나동그라지는데
멍든 새벽이
새까맣게 까무러친다

엄마의 강

그녀의 터가 되어주던
그 많던 물,
다 어디로 흘러가서 수몰되었을까
형체마저 일그러진, 게다가 비늘까지
벗겨져 나간 등허리 부근
마른 강바닥 위에 널브러져
숨이 느리다
글도 알지 못하는 그녀가
푸르싱싱한 지느러미로 여울목을 지나
수초더미를 헤치며
새끼들을 읽고 쓸 때는 아마 봄이었지, 싫은
새끼들이
그녀의 옆구리를 종횡무진 쓸고 다닐 때마다
그녀는 무엇 무엇이 되어 주었지
배고프고 목마르면 밥과 물을 오지게 먹이고
녀석들이 나갈 내일의 길목을 쓸고 또 쓸고
한 생애 휘도록 문질러 닦다가
여기 삐끗, 저기 삐끗

어머니의 몸
한 꺼풀 두 꺼풀, 육탈을 하고서야
오남매의 언어 고물고물 부화한다

오후 3시 반

오후 3시를 막 넘어서는
쉰세 살쯤

해에게서 쏟아져 내린 빛이 오전을 통과하면서
분열의 분열을 일으켜 오전과 오후가 잘 섞인
그야말로 묽지도 되지도 않은
맛도 향도 농도까지 그윽한 때

밝고 따뜻해서
저녁 따위는 오지 않을 것 같은
착각의 시간
덜 익은 감(感), 혹여 떨어지려는 감(感)을 주워서
넘치지 않게 디테일을 조금씩 가미하며
믹스하는 여자

오후 3시 반
아직 해가 길다

섬진강

불을 켠 듯
강 언저리 환한 것은
수많은 밤
강물로 뛰어든 별들이
영글어 익은 때문
수면 위로 주렁주렁 매달려선
은빛 옹알이를 한다
가끔
은어새끼 톡톡 불거져
공중제비 도는,
봄날

보름달

댓잎처럼 푸르른 어머니가
뒤뜰 장독대에서 벌써 며칠 상간으로
입 큰 장항아리 배 안에
늦가을 볕을 꾹꾹 눌러 안치고
그간의 젖은 마음을 휘둘러 부셔낸다

그런 밤
어김없이 달을 삼키는 장항아리
초하루부터 그믐까지 꿀꺽꿀꺽
게눈 감추듯 먹어치우곤
이내 배불뚝이로 눌러앉는다

어젯밤
내 집 하늘 뜰에서 기척이 흐른다
묵은 장항아리는 깨지고 뭉근히 익은
달, 터질듯 노랗다

어머니의 장(醬) 익은 것이다

젊은 풋것을 욱여넣고 짱짱한 남편의 권위도 쪼개 넣고,
시어머니의 짠 말씀도 몇 됫박 안쳐 띄운
비로소 구수해진 맛

한술 뜨러 나간다
(얘야 꼭 마른 숟가락으로 뜨고 꾹꾹 눌러라.)

아버지

입관(入棺)이 시작된다
철제 침대에 누워계신
차디찬 고드름,
지난가을부터 최소한의 물길을
갈무리해 놓으신 게 분명해
뜨거운 숨결을
불보다 더 뜨겁게 얼려놓으신,
결론

왜 진즉
사람, 자연인으로의 물길을 알아차리지 못했을까

오롯이
아들로, 지아비로 어버이로…….
뼛속 깊이 저수 되었던 물길
배배 마른 당신의 바닥을 보고서야
송사리처럼 튀던 그 아우성 소리
듣습니다

사람인데요!

눈물이 흐릅니다
당신의 물꼬를 터주고 싶어요
사방팔방
어디론가 콸콸콸…….

입

경포 앞바다에 가면
모래벌이 욱씬댄다
그물 밖으로 쏟아져 나온 물고기 떼처럼
사람들이 벗어놓고 간 발자국, 입을 벌리고 있다
큰 허기의 입,
마술에 걸린 시간이 풀리려고 한다
바람의 발바닥에 불이 난다
마블링이 골고루 섞인 파도말이를
한상 차릴까,
푸른 미역, 다시마 따서 푸짐한 보쌈
또 한상 차릴까
끼룩끼룩 꼭지 딴 갈매기 소리 데쳐서
무쳐놓을까,
그도 아니면
사람들이 벗어놓고 간 발자국에 고인 기억만
한 소쿠리 건져도
국 한솥거리
팽팽하게 당겨오는 시장기

허기로 배가 부른
겨울 하늘도
말갛게 빈속이다

산수유꽃

여름 점심상
밥그릇마다 노오란 꽃술 핀 조밥이 소복이 피어났다
덩이진 식은 조밥을 물에 말아 숟가락으로
뚝뚝 꺼서 먹는 식구들
물 만 밥 건져 올리다 사기밥그릇 부딪는
숟가락 소리

쌀 한줌보다 좁쌀 한줌이 더 비싼 세상이 되었는데
식구들, 다시는 조밥 안 먹는다

봄자락을 젖히고 나간다
뜰 가득
피어오르는 아지랑이 밀어내고
노오란 좁쌀밥 눈부시게
봄상을 차린다
어린 내가
"맛없는 저걸 왜 먹지?"
그때 안 먹던 조밥

한 숟가락 밀어 넣는데
입 안 가득
꽃술이 와그르르

이불

게으름 떨치고
묵은 여름 한 채
문지르고 두드려 풋내가 나도록
빨아 널고 돌아서는데
창가에 푸른 눈물 뚝뚝 떨어진다

그녀의 예비된 죽음이 저랬을까?
계절을 한 발 앞당겨 묵은 몸 갈무리할 때
눅진한 진액을 뚝뚝 흘렸을,

그해
가을 초입이었지요
쪽빛으로 마름질해논 하늘
두어 폭 시원하게 갈라
마지막 가시는 길 이불이라도 지어 덮어드릴 때
마른 구름만 골라서 따뜻하게 속을 채우고
예전 가사 시간에 배워 알아온 대로
시침질을 했어요

어머니
주무시다가 시끄러워도
크게 상관하지 마세요
구름이불 깃 솔기에 숨어 있던
별 아가들
밤이면 눈을 뜨거든요

토란잎 위에

간밤
그녀에게 무슨 일이?

부끄러운 원죄 같은, 그녀의 앳된 매듭 위에
맑고 찬 알 하나 동글동글
말랑하게 웃고 있다

우주를 씻어 헤며
먼 길 내려온
씨알 굵은
물알 한 개

하늘
풍덩!
뛰어든다

팽창, 팽창

제4부

파묵칼레*

B.C 2세기경
고대 로마가 세운 히에라폴리스

오랜 역사의 산골장인가?
그 많은 군중들의 영혼이, 시대를 풍미하던 정신이
옹골차게 이룬 무덤
희디흰, 푸르디푸른 뼈에서 맑고 따뜻한 노래 흘러넘치고
켜를 이룬 눈부신 자존의 향연,

일찍이 목화의 성(城)이라 했던가
목화꽃 뭉게뭉게 피어오르는
저녁답,

이불 속이 온통 파묵칼레다

---

*파묵칼레: 터키 남서부 데니졸리에 위치한 새하얀 석회봉이며 '파묵'이 터키어로 목화를 뜻하므로 목화성이라고도 한다.

뼈대 있는 가문

슬로베니아,
세계에서 두 번째로 긴 카르스트 동굴인
포스토이나 종유석 동굴 앞에 이르다
매일 매일 미량의 칼슘을 섭취하고 자란
그들의 몸이 말갛게 견고하다
50만 년을 걸어온 발자국들
몸이 되고 세월이 된 저 소리—
똑, 똑, 또르르
발자국마다 촘촘한 어둠이 고여서
출렁인다
국수 가락처럼 가늘고 긴 석순, 투명한 뼈를
몇백 년째 키우고 있어,
암벽 천정에 영롱하게 맺힌
긴— 희망
서럽게 탱글탱글
조상의, 조상의, 조상의, 멀고도 먼 조상의 뼈를 한 몸에 받아
더욱 강건해진 가문이여

아니, 조상의, 조상의, 조상의, 멀고도 먼 조상과
한 무덤이 될 가문이여
잠들어 있던 묵은 먼먼 조상의 뼈가
깜깜 어둠 속에서 비어져 나와
산골처럼 어눌하게 반짝인다,
다시
방금, 을 받아 마시며
자라는 중

씨앗

지구처럼 둥근 붉은 체리 한 알 입 안에 넣는다
좌로 한 번 우로 한 번씩 살점을 깨문다
새큰달큰 쌉싸래한 물 가득 고이는 동시
왕모래만 한 씨 한 톨 쏙 빠진다
퉤, 뱉어버리려다가
문득,

핵(核)! 이다
예고된 생명의 폭발음 들린다
한 세계가 열리기 전
이렇게 유순하고 견고한데

저 North Korea 청맹과니 김정은족,
우라늄 플루토늄 농축액 연구에 골몰
생명은커녕 파괴가 목적인
핵실험이라니

손바닥 가운데

생선눈깔만 한 씨 한 톨 올려놓고 살흙을 끌어 덮는다
긍정을 배란한 지구의 한 곳에선
눈부신 세포핵 분열하고
어깨 들썩이며 파안대소하겠지
꽃들 지고 나면
붉은 살점들도 익어가겠지

눈멀다

하늘 길,
칭따오맥주 캔 하나를 마시고
운평선 끝자락을 간당간당
잡아본다
해가 기울기 시작하면서
나는 시공을 거슬러 오르는 한 마리 연어가 되어
노을이 시작되는 구름 속을 헤집는다
수만 샐비어 꽃봉오리들 일제히 터지고
서쪽 하늘에서 흘러내리는 붉은 리비도(libido)
뭉클뭉클 하혈하고

그 뜨겁기만 했던,
차마 다 내려놓고 싶었던
마음 하나

그와 나
교를 이룬 알집 속에
초강력 폭약이 장착되어 있었던지

저기
불꽃이 활활

도진 것일까
야무지게 다물린 가슴 언저리에
환지통 몰려온다

무구쵸*

매일 밤
설산(雪山)이 걸어 내려와서
뜨겁게 온몸을 담그고 간다고,
방금 하늘이
냉목을 하고 올라갔는지 맑은 몸에선
찬물이 뚝뚝
구름 몇을 흘리고 간 때문인지
수면이 가늘가늘 흔들리고

암만 주위를 서성거려도
저 아래 세상에서 묻혀온 때 절은 마음
꺼내놓지도 못하고 끙끙거리는데
수면을 훑고 올라온 바람이
허수아비 같은 나를 이리저리 건드려본다
기우뚱거리는 몸
어쩐지 아슬아슬

---

*무구쵸: 중국 서북부에서 가장 큰 호수로 해발 3,780m에 위치함.

갑거장체*

기도하는 손 맨 끝에 닿은 듯
아른아른 아픈 길을 오른다
전생 같은 깊고 깊은 골을 끼고 오르면
거기,
신인(神人)들이 살고 있어
하늘, 땅 양손 맞잡고
창창하고 맑은 목소리로
노래를 부르는 사람들
눈이 순한 야크 몇 마리 앞세우고
농삿일을 하러 가는 여인,
유난히 사월의 숲이 푸른 건
새들이 하늘을 연실 쪼아 내린 때문
그저 사람인 내가
고운 운율 한 줄 튕기고 싶어
입 안에선 마른침이 꼴깍,

---

*갑거장체: 티베트 장족 전통 마을.

자화상

어떤 화가가 반복해서 스스로 초상을 그리는 이유와
내가 손바닥 반만 한 거울을 자주 들여다보는 이유가 같을까?
이미지 말고,

생소한 '꼴'
그렇다면 '얼'을 찾는 것인가?
은분 덮인 등을 뒤집으면 유리를 뚫고 '꼴'
두 개의 눈동자가 알 듯 모를 듯 되려 나를 쏘아본다
출구 없는 돌 속

누구든지
'너'라고 부르는 나,
내가 나, 라고 통감하는 나,
본래 부르지 않아도 있었을 '나'
진아(眞我)?

자화상을 그린다

나, 쯤이야
스스로 알아서 익숙할 만도 한데
스스럼없는 나, 는 없고
아예 아웃라인을 벗는,
'D.C'(돌돌이표)를 그리고
다시 처음으로,

난 누구?

매미 소리

무수히 흔들리며 자란
한여름 한낮이 갸우뚱?
예각을 세우던 짙푸른 그늘이 피딱지처럼
떼꺽 일어나는

만하(晩夏)
8월이 뜸 드는 소리….

꿈같은 거
일제히 날개를 달고 피어오르다가
무르팍 깨지게 엎질러진다
벼랑을 뛰어내리며
자지러지게 웃는다

이명(耳鳴)을 앓던 귀
그 아우성을
벗는 중

여름,
입체를 입는다

소래 어시장

활어(活魚)가 몇 방울 생기를 터는
좌판을 지나 안으로 들면
드럼통 가득 배부른 젓갈들

새우젓, 오징어젓, 곤쟁이젓, 창란젓, 밴댕이젓
꼴뚜기젓, 낙지젓……

그땐 몰랐지,
푹 곪아서 향기로웠던
곤쟁이젓 어머니 속을,
상한 속에 짠 소금까지
쳐대던,

언제 오셨는지
소금냄새 진동하는 기억이
자맥질한다

오래 곰삭아서 짜디짠

그래서 더 다디단 맛
어머니의 눈물 맛

입 안 가득 고인다

풍장

볕 좋고 바람 이는 날

민들레 홀씨

자전(自轉)을 하듯 풍차를 돌린다

한 생을 살아온 둥근 시간들

한 벌 순백의 옷 훠이훠이 두르고

주저 없이 날아오른다

여든일곱,

아버지의 젖은 날개

사그락 펼쳐지고

하르르 하르르 날아오르신다

등이며 옆구리께

허룩함 보이지 않는다

처음으로

영롱하게 빛나는 몸

갈대 춤을 추신다

허물

맨살을 빠져나온 옷가지들 서로를 껴안고 운다
어지럽도록 돌고 비벼지고 두들겨 맞으며
통곡을 한다

가족들을 대신해서 흘려주는 참회의 눈물,
베란다 건조대에 거꾸로 매달려서 방울방울
눈물 거둔다

(이밖에 알아내지 못한 죄에 대하여도
통회하오니 사하여 주소서!)

바람결에 묵언기도 한 자락
흔들흔들

장롱을 뒤져
묵은 허물을
한 바구니 끌어안고 다용도실 문을 민다
아귀 뱃속 같은 드럼세탁기 안으로

구겨진 이물을 가득 들이민다

허물을 맡기고 돌아서는
여자

목동 근처

하늘 높이
눈처럼 흰 구름이 몽글몽글
피어오르고 있다
찢어지고 부서지고 터진 속들을
모두 모아 소각한 후
비로소 날개를 단 한숨이
가볍게 하늘을 난다
산더미로 밀려드는 감정의 쓰레기들,
하치장이 따로 없다
날마다 악취주의보!
정신이 아찔하다
나로 인해, 너로 인해, 쌓이는
찌꺼기들
하도 다양해서 분리수거도 어려운 지경
욕심껏 분노하던 것들의
헤아릴 수 없는 불면의 밤이
배설한 묽은 똥
거금을 치르고라도

성능 좋은 열병합발전소 한 대 들여
풀(full) 가동시켜야 하나,
불연소의 부글부글, 을
완전연소시켜서
거기서 생성된 에너지를 물처럼
흘려보내고 싶다
다시,
너에게로

성장이 멈춘

은행나무 한 그루
패병(敗兵)처럼 서 있다

붉은 벽돌로 원을 친 단단한 수갑, 아니
몸갑을 차고
어른 손톱만 한, 그보다 조금 클까 말까한
푸른 수족을 달고
벌써 십 년째
흐린 눈을 어떤 경계에 목에 가시처럼 걸어놓았다
겉으로 보이지 않는 웅숭깊은 그늘은
발뿌리로 내려가서
뼈보다 단단한 침묵을 키운다

바닥을 친 게 분명한데
어떤 바닥을 쳤길래
튀어 오르지도 못하고
(please, 늪이 아니기를!)

차라리 꿈을 꾸어라
성장이 멈춘 영혼의 생장점에
바람의 씨눈을 심고
바람길 따라
고비(Gobi)로 향하여라
조르바가 춤을 추고
가난한 노마주(nomad)들 춤을 추는,
흰 눈발 펄펄 말발굽 소리 내며
외로움은 자유를 업고
어디로든 달린단다

우린 너무 오래
묻늘려 살았나

그냥이라는 말 속엔

왜?
그냥.

그러니까 왜?
그으냥.

심연 더 깊은 곳에 이르러
"여기는 사고다발구역입니다."
그곳에선
샐비어꽃 만발하고
붉은 꽃모가지들
다투어 아우성칠 때

맑음으로 비누칠을 억세게 하고
세수를 마친 목소리로
그냥,
그으냥…….

해설

배면(背面)의 간극(間隙)을 읽다

백인덕 시인

1.

누가 뭐래도 시인은 '언어'를 사랑하는 사람이다. 정확하게 말하면, '자신의 언어'만을 최선의 가치로 존중하고 사랑하고, 사랑받기를 원하는 존재다. 그래서 1인 공화국의 주인이라는 비난을 받는지도 모른다. 그러나 그 '사랑'은 아무리 위악(僞惡)적 교만이나 겸손한 확신으로 가장하더라도 불안하다. 그것은 특별한 이유 없이 흔들리고, 멀어지고, 출렁대다 난파(難破)하기 십상이다. 어쩌면 가장 예민한 시인은 '시(poetry)'를 사랑하는 것이 아니라 이 '불안(unstable)'을 즐기는 존재일지도 모른다. 사랑이 불안한 이유를 구태여 찾아본다면 두 가지 정도의 원인을 유추해볼 수 있다. 하나는 언어 자체의 불완전성에서 기인한다. 내 것이라 믿었던 언어가 소통의 체계 속에 편입되는 순간 다른 차원과 의미로 변질되는 것은 시에서는 거의 숙명이다. 다른 하나는 시작(詩作) 상의 문제인데, 시의 언어란 쓰이는 순간 죽음을 선고 받는 운명이기 때문이다. 즉 시인 자신이 '새로움'에 대한 갈망을 무한 투사(投射)하기 때문에 시인의 '언어사랑'은 그만큼 위태로울 수밖에 없다.

누가 불을 놓은 거야?

붉은 꽃 심장 타오르네

어쩌지
콸콸 토해내는 저 핏빛
담수를

붉고 붉은 새떼들
미지의 세계를 향해
다겁(多劫)의 마차를 타고 지나가네

병처럼
깊어진 황홀

하릴 없이

눈물 같은 강가를 배회하다가
그 강가 끄트머리 어디쯤에서
매번 뛰어내리다가
미수(未遂)에 그치고 마는

—「간신히 석양 무렵」 전문

이번 시집의 표제작인 이 작품에서 김수지 시인은 "병처럼/깊어진 황홀"의 까닭, 원인 아니 '정체'를 묻고 있다. 굳이 표제작이라는 상징성 때문만이 아니라, 시집에 수록된 작품 전체를 개괄했을 때도 이 '황홀의 정체'에 대한 물음이 이번 시집의 근간(根幹)으로 보인다.

이 작품은 "누가 불을 놓은 거야?"라는 도발적인 질문으로 시작된다. 누가 놓았는지 다 알기 때문에 이 질문은 질문의 내용이나 그것의 함의(含意)에 기대지 않는다. 오히려 질문하는 '행위' 그 자체에 더 큰 의미를 부여하고 있다. '석양'에게 왜 지느냐고 묻는 것은 경우에 따라서는 철학적 행위로 보일 수 있겠지만, 그것만큼 어처구니없는 짓도 없을 것이다. 제 스스로 그렇게 하지 않으면 그것이 어찌 자연인가? 그러므로 이 작품은 1연과 2연(눈앞에 생생한(vivid) 이미지로 끌려와 있는 '석양')과 3연(질문을 건잡을 수 없는 시인의 심적 상태)을 지나 5연의 "병처럼/깊어진 황홀"을 중심으로 대칭적으로 놓여 있는 4연과 6연을 통해 시집의 근간으로서의 의미를 드러낸다. 표면을 따라 읽자면 대비는 '붉고 붉은 새떼들/나(시적 화자)'가 하는 행위의 다름, 즉 '새떼들'은 "미지의 세계를 향해/다겁(多怯)의 마차를 타고 지나"가고 시인은 "그 강가 끄트머리 어디쯤에서/매번 뛰어내리다가/미수(未遂)에 그치고" 만다는 것이다.

이렇게 읽고 보면 마치 성공과 좌절의 대비처럼 보인다. 하지만 전제했듯이 그것은 표면이고 시인의 '미수'는 "병처럼/깊어진 황홀"을 지향하는 것인데, 즉 '다겁의 마차'에 한 번 오르면 다시 내릴 수 없음을 알기에, "붉은 꽃 심장"처럼 매일의 '석양 무렵'에 불이 붙을 수 없음을 알기게 그 자체로 자연이고 하나의 경지(境地)라 할 수 있다.

김수지 시인은 이번 시집에서 어떤 '황홀'을 좇아 '생기와 병 사이'를 거듭 왕복하는 시적 딜레마를 구체적으로 형상화하고 있다. 생기에 대한 갈망이 한 끝이라면 저절로 다른 한 끝에는 병에 대한 집착이 자리한다. 그리고 이 둘 사이의 불안한 간극은 시에서는 시적 긴장으로 기입되겠지만, 어쩌면 시인의 삶을 앞으로(또는 시인의 표현대로 '바닥으로') 몰아가는 추진력이라 해야 할 것이다.

2.

주지의 사실이지만, 생명으로서 인간은 태어남과 동시에

죽음을 선취(先取)한 존재다. 사건으로 구체화될 것이란 사실을 알면서 구태여 그에 대한 인식을 미뤄두고 일상을 주무하기를 더 선호한다. 심지어는 죽음 이전과 이후를 '경험'이라는 틀에 넣어 죽음의 무용성(無用性)을 주장하기도 한다. 그러나 우리의 의식은 점차 이를 잠재적으로 의식하지 않을 수 없다. 시인은 「오후 3시 반」에서 '쉰세 살쯤'의 자기를 본다. 그런데 이 시각은 생각하기에 따라 아직 생기가 충만한 때라고 할 수도 있다.

> 해에게서 쏟아져 내린 빛이 오전을 통과하면서
> 분열의 분열을 일으켜 오전과 오후가 잘 섞인
> 그야말로 묽지도 되지도 않은
> 맛도 향도 농도까지 그윽한 때
>
> —「오후 3시 반」 부분

비유로써 '오후 3시 반', 즉 '쉰세 살쯤'은 "그야말로 묽지도 되지도 않은/맛도 향도 농도까지 그윽한 때"라고 시인은 주장한다. 구태여 사회적 지표를 들이대지 않아도 상식적으로 충분히 수긍할 수 있는 진술이라고 할 수 있다. 하지만 더 중요한 것은 시인의 의식의 배면(背面)에 흐르고 있는 삶에의 긍정성이 한 혈(穴)처럼 쏟아진 것이라는 점이다. 지나치게 디테일을 과장하는 것으로 보일지도 모른지만 시인은 수

식어 사용에서 이런 긍정성을 충분히 잘 드러내고 있다. 가령 「매미 소리」에서 "예각을 세우던 짙푸른 그늘이 피딱지처럼/떼꺽 일어나는"에서 '떼꺽'이나 "벼랑을 뛰어내리며/자지러지게 웃는다"에서 '자지러지게'처럼 작품이 함의하는 성향과는 상반된 수식어의 사용이 그렇고, "가끔/은어새끼 톡톡 불거져/공중제비 도는"(「섬진강」)에서의 '톡톡'이나 "어머니의 몸/한 꺼풀 두 꺼풀, 육탈을 하고서야/오남매의 언어 고물고물 부화한다"(「어머니의 강」)에서의 '고물고물'처럼 의태어의 사용도 그렇고 나아가 「무구쵸」의 "기우뚱거리는 몸/어쩐지 아슬아슬"과 「갑거장채」의 "그저 사람인 내가/고운 운율 한 줄 튕기고 싶어/입 안에선 마른침이 꼴깍,"처럼 작품을 종결하는 것 등도 시인의 일종의 활달함, 긍정성의 표출로 읽을 수 있을 것이다.

시에서 어떤 반어적 장치를 사용했든 하지 않았든 근간을 형성하는 것은 결국 의미를 형성할 수 있는 사건일 수밖에 없다. 동어반복인지 모르지만, 우리의 생의(生意)는 결코 소실되지 않지만 생기는 어떤 특정한 사건을 통과할 때마다 감소할 수밖에 없다. 그 사건은 아무리 부정하려 해도 대부분의 경우 육친(肉親)과의 사별(死別)이 제 일의가 될 것이다.

엄마아……

그래,
에미 한번 찾아보렴,

빛의 속도로 우주 밖을 향해
달음질 친
핏빛 노을 한 점

어디 계세요?

메아리조차 끌고 가신,

어머니…….

한 번만
도돌이표 달고
둥글둥글 자전(自傳)해서 오세요

—「술래」 전문

김수지 시인은 어쩌면 위악의 포즈일지라도 '긍정의 페르소나(persona)'를 즐겨 사용한다. 영원한 이별이 구체적으로 종지부를 찍는 순간에도 시인은 "어머니/초벌구이 하러 들어가신다"(「몸그릇」)고 일종의 너스레를 들이민다. 그리고는 담담하게 "몸그릇 밀어 넣은 지 시간 반이 지나자/뽀얗게 벼린 구멍 숭숭 난 뼈 몇 줌과/어금니만 한 남청색 사리 두어 과를 내놓으시곤/시치미 뚝 떼시는"이라고 그저 결과를 기술하는 척한다. 하지만 마지막에 "아, 어머니"라고 탄식도 아니고 호명도 아닌, 아니 그 둘 다일 수 있는 행을 덧붙임으로써 어머니와 시인과의 깊은 관계를 우회적으로 드러낸다.

일반적으로 기대할 수 있듯이 기억 중에서 양적으로나 질적으로나 압도적인 비중을 차지하는 것은 대체로 어머니와 관련한 것들이다. 그것은 그대로 한 존재의 유년의 초상(肖像)이 되고 거기서 파생하는 여러 기억들에 의해서 초기 성격, 나아가서는 한 개인의 특성이 결정될 수도 있기 때문이다. 시인도 이와 다르지 않은데, 그 기억은 시적 표면의 담담함과는 달리 깊은 슬픔으로 아로새겨져 있다.

그녀의 터가 되어주던
그 많던 물,
다 어디로 흘러가서 수몰되었을까
형체마저 일그러진, 게다가 비늘까지
벗겨져 나간 등허리 부근
마른 강바닥 위에 널브러져
숨이 느리다
글도 알지 못하는 그녀가
푸르싱싱한 지느러미로 여울목을 지나
수초더미를 헤치며

새끼들을 읽고 쓸 때는 아마 봄이었지, 싶은
새끼들이
그녀의 옆구리를 종횡무진 쓸고 다닐 때마다
그녀는 무엇 무엇이 되어 주었지
배고프고 목마르면 밥과 물을 오지게 먹이고
녀석들이 나갈 내일의 길목을 쓸고 또 쓸고
한 생애 휘도록 문질러 닦다가
여기 삐끗, 저기 삐끗

어머니의 몸
한 꺼풀 두 꺼풀, 육탈을 하고서야
오남매의 언어 고물고물 부화한다

—「엄마의 강」 전문

어머니의 입가에
투명한 솥뚜껑이 얹혀졌다
자꾸만 피식피식 숨소리 새는 것 같아
자식들 가슴 졸인다
평생 밥을 해 오신, 가족들의 입에 넣을 밥 짓느라
솥 곁을 떠나지 못했는데……
이번엔
긴 호수를 달고 당신의 밥을 짓고 있다
설 끓으면 평생의 밥이 설익거나 아예 못 먹을지도 모

른다고

테두리를 꾹꾹 누른다
애들아 가만 있거라, 서두르지 마라
안으로 숨을 잦히고 계신다
눈 가장자리에 말간 진물 두어 줄 흐른다

아무것도 해드릴 게 없는 나는
당신의 눈가에 고인 쓰디쓴 회한
몇 방울 찍어서 글 몇 줄 쓰다가 말다가

—「병상」 전문

두 작품은 작게는 앞에 인용한 작품 「술래」의 의미를 보증하면서 크게는 시인이 겪는 '병'의 통증의 원인과 깊이를 가늠할 수 있게 해준다. 언제나 "무엇 무엇이 되어 주"는 어머니의 희생 위에서 끝내는 글조차 몰랐던 그녀가 "한 꺼풀 두 꺼풀, 육탈을" 했을 때 자식들은 각자의 언어를 '부화'시킬 수 있었다. 나아가 평생 "가족들의 입에 넣을 밥 짓느라/솥 곁을 떠나지 못했"던 어머니가 "입가에/투명한 솥뚜껑"을 얹었을 때 아무것도 해줄 게 없는 시인은 "당신의 눈가에 고인 쓰디쓴 회한/몇 방울 찍어서 글 몇 줄 쓰다가 말다가"를 반복한다. 자식들이 각자의 언어로 부화했다는 것은 세상을 살 수 있는 최소한의 자격을 획득했다는 것이지만, 시인은 나아가 어머니의 '회한' 몇 방울을 찍어 자신의 글로 번안(飜案)하고

자 한다. 이쯤에서 '황홀'의 한 성격이 드러난다. 어쩌면 시는 "빛의 속도로 우주 밖을 향해/달음질 친" 어머니와 영원히 술래로 남겨진 내가 겹쳐지는 어떤 기쁜(?) 통점(痛點)일 것이다.

3.

아무리 병이 깊다고 해도 생기(生氣)는 일거에 휘발(揮發)하지 않는다. 일관성까지는 아니더라도 우리가 삶의 지속성을 기대하는 이유가 거기에 있다. 삶은 잔인한 것이어서 극한의 슬픔 꼭대기에 희망의 불씨를 내려놓기도 한다. 김수지 시인의 표현을 그대로 옮기면, "뎅강 잘려나간 목 언저리에/꽃빛으로 피어난 응혈/핏빛 감사제를 올린다/그 온혈로/밤새 데운 따뜻한 공기/찬 허공을 녹이고/겨울을 사르는/화염"(「수숫대」)인 것이다.

그러나 세상은 소통보다는 불통인 경우가 많고 광범위하다. 시인이 비록 자신의 몸에 "약쑥 덩어리 하나" 올려놓고 그를 태워 뜨거운 불씨로 몸과 세상의 소통을 당위적으로 노래한다 해도 자칫하면 세상물정 모르는 공염불로 치부되기 십상이다. 시인은 이를 잘 알고 있다.

세상은 너무나 느와르적이라고,

불씨 없는 불(不) 같은 말만 난무하지만
지펴야 한다,
서로가 서로에게 들락거리며
아래, 위, 옆 동네
뜨거워지도록
불통의 간극,
그 경계 녹아내려야 한다

—「불통의 간극」 부분

이번 시집의 경우 몇 편의 작품에서 동시대 공동체의 문제를 다루고 있다. 가령 「목숨꽃」에서는 '세월호'를, 「씨앗」에서는 '북한의 핵실험'에 비판의 날을 세우고 있다. 물론 "세상이 너무나 느와르적이라"는 명제와도 맞고 중대한 문제이기는 하지만, 시세계 구축에서의 역할은 그 시사성만큼 제약이 따른다는 것도 분명한 사실이다. 이는 시에서 드러나는 현실인식이 사실은 현실 그 자체를 대상으로 한다기보다는 시인이 구축한 시적 현실에 대한 인식으로 드러난다는 점에 대해서 차분하게 생각해보면 이해할 수 있다. '현상과 본질' 같은 거대 담론이 꼭 필요하다는 것은 아니라는 점이다.

김수지 시인은 "불씨 없는 불(不) 같은 말만 난무하"는 세상에 대한 나름의 철저한 인식이 갖춰져 있다. 왜냐하면 다른 작품, 「꽃은 지는데」에서 이와 유사한 인식을 보여주고 있기 때문이다. 거실의 '군자란'을 보고, "색이 다 빠져버린 겨울

철에/푸른 것 보겠다고/꽃빛을 보겠다고/不을/자연(自然) 앞에,/떡 하니 붙여놓은 꼴" 즉 부자연스러운 것이 불통으로 이어지고 그것이 종국에는 간극을 고착시키고 말 것이라는 일종의 예견(豫見)을 드러내기 때문이다.

그럼에도 불구하고 "불통의 간극/그 경계 녹아내려야 한다"는 지나치게 당당한 당위적 발언의 배경, 배후에는 무엇이 있을까?

눈 밝은 독자들은 이미 예상했겠지만, 그것은 깊은 병으로부터 다시 불붙는 생기의 힘이다. 시인은 간혹 찾아가는 「소래 어시장」에서 "오래 곰삭아서 짜디짠/그래서 더 다디단 맛/어머니의 눈물 맛//입 안 가득 고"이는 경험을 한다. 이별한 어머니가 입맛, 즉 살맛을 되살려주는 중의적 '맛'으로 되돌아오는 것이다. 마찬가지로 "어머니의 장(醬) 익은 것이다/젊은 풋것을 욱여넣고 짱짱한 남편의 권위도 쪼개 넣고,/시어머니의 짠 말씀도 몇 됫박 안쳐 띄운/비로소 구수해진 맛"(「보름달」)이 이제 시인의 "집 하늘 뜰에서" 완성된 것이다. "한술 뜨러 나간다"는 설레는 종결 행에서 시인의 당위적 진술의 배경, 배후를 확인하게 된다.

시인은 아직 자신의 시작(詩作)과 관련해서는 "저 어디쯤에서 자꾸 역동성을 잃"(「스무 살」)는 '연어'를 떠올리지만, 또한 "매번 뛰어내리다가/미수(未遂)에 그치고"(「간신히 서양 무렵」) 말지만, "좍, 좍, 좌악" 쏟아지는 비를 통해 물의 순환을 보면서 생의 긍정으로 "오늘밤/시(詩)의 씨[種]를 착상(着想)시켜 보자고/둔부에 힘 꽉"(「구름의 자손들」) 주는 자세를 취하기도 한다. 바로 이 부분이 시인의 병과 생기가 다시 하나의 통점으로 겹치는 지점이 된다.

뿌리를 자른 몸통에 칼집을 넣고
힘주어 쩌억 가른다

틈 없이 꽉 껴안은 몸 안에서
샛노란 웃음이 터지기 시작

자꾸만 파아하하, 파아하하

웃음꽃을 안에서 기르고 있었구나

푸른 겉대를 두른 웃음보따리
무르익은 웃음보따리
끌러서
알아서 하라는,

—「배추」 전문

치열한 시적 인식이 굳이 낮고 음습하고 칙칙한 것일 필요는 없다. 오히려 그런 색채를 덧칠한 것들이야말로 가짜일

확률이 높다. 위의 작품처럼, "틈 없이 꽉 껴안은 몸 안에서/ 샛노란 웃음이 터지기 시작"하는 것이야말로, 아니 배추 몸통에 칼을 넣어 가르면서 "샛노란 웃음"소리를 들을 수 있는, 아니 "웃음꽃을 안에서 기르고 있었구나" 깨달을 수 있는 귀와 눈과 마음을 가진 시인이야말로 치열한 시적 인식의 소유자라 해도 지나친 말이 아닐 것이다. 이렇듯 시집 곳곳에서 문득 만나게 되는 전언 "알아서 하라는," 무한 긍정의 힘이 김수지 시인의 진짜 배면(背面)일지도 모른다. 그런 의미에서 김수지 시인은 참으로 많은 배면(背面)을 가진 시인이다. 그것이 부럽다.

이 도서의 국립중앙도서관 출판시도서목록(CIP)은 서지정보유통지원시스템 홈페이지(http://seoji.nl.go.kr)와 국가자료공동목록시스템(http://www.nl.go.kr/kolisnet)에서 이용하실 수 있습니다.(CIP제어번호: CIP2017029945)

문학의전당 시인선 0273

간신히 석양 무렵

초판 1쇄 인쇄 2017년 11월 15일
초판 1쇄 발행 2017년 11월 22일
지은이 김수지
펴낸이 고영
책임편집 서윤후
디자인 헤이존
펴낸곳 문학의전당
출판등록 제2017-000002호
주소 서울시 마포구 마포대로 11길 91, 3층
전화 02-852-1977 팩스 02-852-1978
전자우편 sbpoem@naver.com

ISBN 979-11-5896-348-4 03810